AF590480

25 NOV. 1867

P 99 N 82

Vente des 25 et 26 Novembre 1867

OBJETS
DE LA CHINE
ET DU JAPON

BRONZES LOUIS XV ET LOUIS XVI

PORCELAINES

Appartenant à M. MANNHEIM père

PREMIÈRE VENTE

Exposition publique le Dimanche 24 Novembre 1867

Mᵉ CHARLES PILLET, COMMISSAIRE-PRISEUR	M. CHARLES MANNHEIM, EXPERT

1867

CATALOGUE

D'OBJETS DE LA CHINE

ET DU JAPON

Émaux cloisonnés de belle qualité;
Matières précieuses; Porcelaines; Laques;
BEAUX BRONZES Louis XV et Louis XVI;
Pendules; Candélabres; Feux; Flambeaux;
Porcelaines de Sèvres, de Saxe
et autres.

APPARTENANT A M. MANNHEIM PÈRE

ET DONT LA VENTE AURA LIEU

HOTEL DROUOT, Salle N° 5

Les Lundi 25 et Mardi 26 Novembre 1867

A 2 HEURES PRÉCISES

Par le ministère de Me **Charles PILLET,** Commissaire-Priseur,
rue de Choiseul, 11,

Assisté de M. **Charles MANNHEIM,** Expert, rue de la Paix, 10.
et rue Saint-Georges, 7.

Chez lesquels se trouve le Catalogue.

EXPOSITION PUBLIQUE

Le Dimanche 24 *Novembre* 1867, *de une heure à cinq heures.*

CONDITIONS DE LA VENTE

Elle sera faite au comptant.

Les adjudicataires payeront *cinq pour cent* en sus des enchères.

L'exposition mettant le public à même de se rendre compte de l'état des objets, il ne sera admis aucune réclamation une fois l'adjudication prononcée.

---

000. — Paris. — Imprimerie de PILLET fil aîné, rue des Grands-Augustins, 5.

ORDRE DES VACATIONS

Le Lundi 25 Novembre 1867.

Émaux cloisonnés....	1	à	15
Matières précieuses..	16	—	44
Laques et Objets variés..	45	—	51
Porcelaines de Chine et du Japon.	52	—	97

Le Mardi 26 Novembre 1867.

Porcelaines de Sèvres....	100	—	119
Porcelaines de Saxe et autres....	120	—	148
Bronzes d'ameublement....	149	—	201

DÉSIGNATION DES OBJETS

Émaux cloisonnés

1 — Deux beaux vases, modèle gourde, à panse sphérique et à deux anses, en émail cloisonné à fleurs et ornements en couleurs sur fond bleu turquoise, rehaussés de parties en bronze ciselé et doré. Ils portent au fond un cachet à six caractères en relief. Belle qualité.

Haut., 28 cent.

2 — Deux jolis vases de forme cylindrique à couvercle en émail cloisonné, décorés de branches de pêchers et de pivoines en couleurs, sur fond bleu turquoise. La gorge est ornée de rosaces se détachant en rouge sur fond d'émail blanc.

Haut., 31 cent.

3 — Deux beaux vases à une anse et à goulot droit, dont la panse sphérique repose sur quatre pieds droits. Ils sont décorés de fleurs et de grues sacrées, émaillés en couleurs sur fond bleu turquoise de très-beau ton. Pièces curieuses.

Haut., 28 cent.

4 — Deux brûle-parfums formés de canards debout, émail-

lés en couleurs et reposant sur un pied formé d'une feuille de lotus.

Haut., 41 cent.

5 — Deux flambeaux formés d'oiseaux debout, émaillés blanc, reposant sur des plateaux ronds et sur des tortues émaillées en couleurs.

Haut., 18 cent.

6 — Deux vases formés de deux gourdes accolées, décorées d'animaux, d'attributs et de fleurs émaillés en couleurs sur fond jaune et sur fond bleu turquoise.

Haut., 20 cent.

7 — Deux vases analogues à ceux qui précèdent ; les gourdes sont émaillées sur fond noir et sur fond bleu turquoise.

Haut., 20 cent.

8 — Théière de forme carrée et droite à angles rentrants, arrondis, en métal blanc, à fleurs et caractères gravés, réservés en relief sur fond d'émail bleu.

9 — Bassin rond et creux en émail cloisonné, décoré intérieurement et extérieurement d'oiseaux, de fleurs et d'ornements émaillés en couleurs, sur fonds blanc et vert alternés.

Diam., 35 cent.

10 — Petite boîte de forme lenticulaire, à godrons concentriques émaillés de couleurs variées ; belle qualité.

Diam., 70 millim.

11 — Petite boîte cylindrique en émail cloisonné à fleurs et fruits sur fond bleu turquoise.

12 — Deux vases en forme de doubles gourdes accolées, en

émail cloisonné à fleurs et attributs en couleurs sur fond noir et sur fond bleu turquoise.

Haut., 15 cent.

13 — Deux boîtes en forme de tortue, en émail cloisonné et à couvercles octogones, décorés de rosaces.

Larg., 28 cent.

14 — Cornet de forme élancée et très-élégante, en émail cloisonné à fleurs et ornements sur fond bleu turquoise.

Haut., 30 cent.

15 — Autre cornet de forme carrée à panse renflée, en émail cloisonné à fleurs et ornements sur fond bleu turquoise.

Haut., 22 cent.

Matières précieuses

16 — Cristal de roche. — Vase modèle balustre aplati, reposant sur un rocher et entouré d'oiseaux, le tout pris dans la masse et découpé à jour. Le couvercle est surmonté d'une chimère ; le corps d'un des oiseaux est évidé et l'orifice est garni d'un bouchon formé par une branche de corail. Travail chinois.

Haut. sans le socle en bois sculpté, 18 cent.

17 — Jade blanc. — Brûle-parfums de forme carrée reposant sur quatre pieds droits et à deux anses en S, le tout pris dans la masse. La panse de la pièce ainsi que le couvercle sont enrichis d'ornements gravés en relief. Socle en bois de fer. Travail chinois.

Haut., 19 cent.

18 — Jade blanc. — Coupe en forme de pêche de longévité garnie de ses fleurs et branchages pris dans la masse et découpés à jour. Travail chinois.

Haut., 4 cent.; larg., 10 cent.

19 — Jade gris. — Coupe ronde à deux anses carrées, découpées à jour. Au bord, grecque gravée en creux.

Haut., 6 cent.; diam., sans les anses, 9 cent.

20 — Jade verdâtre. — Courge se divisant en deux parties formant coupes à deux compartiments, ornées chacune de feuillages et branchages découpés à jour et à anneau de suspension pris dans la masse. Travail chinois.

Long., 17 cent.

21 — Pierre de lard. — Deux coupes de forme contournée, avec dragons sculptés en relief. Travail chinois.

Larg., 17 cent.

22 — Jade gris. — Coupe ronde ornée de trois rangs de canaux creux superposés. Travail chinois.

Haut., 55 millim.; diam., 95 millim.

23 — Cornaline blanche et rouge. — Groupe de quatre figures debout. Travail chinois curieux. Socle en bois sculpté.

Haut., 12 cent.

24 — Jade vert. — Deux coupes rondes et plates taillées à canaux creux à l'intérieur et à godrons à l'extérieur.

Diam., 14 cent.

25 — Agate grisâtre. — Coupe ronde dont l'extérieur est diamanté.

Haut., 55 cent.; diam., 95 cent.

26 — Agate orientale. — Deux coupes rondes, dont une gravée à fleurs.

Diam., 75 et 80 millim.

27 — Jade gris. — Belle coupe ronde à fleurs gravées en relief et montée sur un pied élevé en argent doré, rehaussé de parties émaillées et enrichi d'une chimère en cristal de roche.

Haut. totale., 18 cent.; diam., 13 cent.

28 — Jade vert. — Grand et beau vase, modèle balustre aplati à couvercle et à deux anses, têtes chimériques garnies d'anneaux mouvants pris dans la masse. Il est couvert de dragons enroulés, gravés en relief.

Haut., 26 cent.

29 — Jade vert. — Autre beau vase, modèle gourde à panse lenticulaire, garni de deux anses à anneaux mouvants et enrichi de fleurs sculptées en relief. Ce vase n'a pas de couvercle.

Haut., 26 cent.

30 — Jade vert. — Vase de même forme, à couvercle, mais uni. Belle matière.

Haut., 33 cent.

31 — Jade gris verdâtre. — Petit groupe composé d'un oiseau et de branchages. Travail chinois.

Haut., 10 cent.

32 — Agate orientale blonde. — Petite coupe ronde à deux anses prises dans la masse.

Diam., 75 millim.

33 — Agate orientale. — Flacon tabatière en forme de poire. Belle qualité.

Haut., 7 cent.

34 — Cornaline orientale. — Cinq annulettes chinoises composées de fruits.

35 — Jade gris. — Agrafe formée d'un groupe de deux chinois.

Long., 12 cent.

36 — Agate orientale sardonisée. — Petit groupe composé d'une figurine d'enfant monté dans une barque.

Long., 55 millim.

37 — Agate orientale. — Deux amulettes, l'une d'elles se compose d'un oiseau et d'un bambou, et l'autre de fruits et de fleurs.

38 — Cornaline orientale. — Petite tasse de forme ronde, sur pied en étain.

39 — Malachite. — Coupe en forme de fleur.

Larg., 9 cent.

40 — Agate orientale. — Flacon tabatière de forme aplatie.

Haut. 6 cent.

41 — Corail. — Bouton de mandarin de forme allongée et de belle qualité.

Haut., 3 cent.

42 — Jade noir. — Garde de poignard ornée de deux têtes chimériques finement gravées. Travail chinois.

Larg., 10 cent.

43 — Jade blanc laiteux. — Coupe ronde parfaitement évidée sur piédouche élevé. Belle qualité de matière.

Haut., 10 cent.; diam., 12 cent.

44 — Agate orientale. — Vase formé d'un coq monté sur rocher et dont la tête tient lieu de couvercle. Belle matière. Socle en bois sculpté.

Haut., 19 cent.

Laques et Objets variés

45 — Petite boîte en laque du Japon moderne en forme de fleur sur laquelle voltige un papillon rehaussé de burgau.

46 — Deux jolies petites boîtes carrées avec tables-supports et contenant des plateaux et des petites boîtes, le tout en laque aventuriné du Japon décoré de paysages en or et couleurs.

47 — Deux coupes en corne de rhinocéros sculptée et feuillages repercés à jour. Travail chinois.

48 — Très-joli flacon en verre double, taillé à l'imitation d'un camée et décoré de dragons et de fleurs. La couche supérieure se détache en rouge sur le fond incolore et transparent. Travail chinois.

49 — Écritoire japonaise dans sa boîte en laque noir à décor d'or, paysage et animaux. Belle qualité.

Long., 24 cent.; larg., 22 cent.

50 — Boîte à jeu en nacre de perles sculptée à fleurs et ornements découpés à jour. Elle renferme quatre petites boîtes en nacre garnies de fiches en même matière.

Larg., 20 cent.

51 — Brûle-parfums de forme carrée à deux anses mobiles en bronze du Tonkin décoré de dragons en relief dorés sur fond noir.

Haut., 10 cent.; larg., 19 cent.

Porcelaines de la Chine et du Japon

52 — Garniture de trois grands et beaux vases en ancienne porcelaine de Chine émaillée bleu et décorés en or. Ils ont la forme d'un balustre allongé avec gorge droite surélevée et renflée. Le vase du milieu a un couvercle.

Haut., 72 cent.

53 — Vase modèle cornet en porcelaine de Chine décoré de fleurs en couleurs et bandeau saillant émaillé jaune nankin.

Haut., 32 cent.

54 — Deux vases, modèle balustre et anses à dragons, en porcelaine craquelée gris de la Chine.

Haut., 40 cent.

55 — Cornet en ancienne porcelaine de Chine, fond bleu et décor d'or.

Haut., 47 cent.

56 — Beau vase de forme ovoïde, en ancienne porcelaine de Chine, fond bleu fouetté et médaillons de fleurs décorés en émaux de la famille verte. Belle qualité.

Haut., 29 cent.

57 — Deux figures de femmes debout en ancienne porcelaine du Japon.

Haut., 45 cent.

58 — Deux vases, modèle pot à tabac, en ancienne porcelaine du Japon, décorés de paysages en couleurs.

Haut., 24 cent.

59 — Deux vases analogues à ceux qui précèdent.

Haut., 24 cent.

60 — Deux grands vases de forme ovoïde en ancienne porcelaine de Chine, décorés de paysages et de figures en émaux de la famille verte.

Haut., 33 cent.

61 — Garniture de trois beaux vases, modèle balustre allongé et à couvercle, en ancienne porcelaine du Japon, décorés de médaillons d'oiseaux et de fleurs, en bleu, rouge, vert et or.

Haut., 60 cent.

62 — Deux belles Cigognes en ancienne porcelaine de Chine gaufrée, debout sur des rochers émaillés brun.

Haut., 50 cent.

63 — Deux jolis petits vases, modèle balustre aplati, avec couvercles, en ancienne porcelaine de Chine, décorés de médaillons de personnages et enrichis de branchages et de fleurs en relief. Les anses sont formés par des figurines de femmes debout.

Haut., 27 cent.

64 — Deux grosses potiches de forme surbaissée et à couvercles, en porcelaine de Chine, fond bleu, décorées de fleurs, de fruits et de papillons en or.

Haut., 62 cent.

65 — Deux grands vases en porcelaine moderne de la Chine, fond émaillé vert d'eau, arbustes et oiseaux gaufrés et gravés en relief, réservés en émail blanc.

66 — Deux grosses potiches en ancienne porcelaine du Japon, à décor de fleurs et ornements en bleu rouge et or.

Haut., 48 cent.

67 — Belle garniture de cinq pièces; potiches et cornets en ancienne porcelaine de Chine, modèle à contours, décorés d'arbustes et de fleurs en émaux de couleurs.

Haut., 43 et 53 cent.

68 — Deux petits vases à couvercles et à anses, modèle balustre carré à couvercles, en ancienne porcelaine de Chine, fond vermicellé d'or et médaillons de personnages émaillés en couleurs.

Haut., 35 cent.

69 — Deux vases de forme analogue et de même porcelaine, fond chagriné, à ornements en relief dorés et médaillons de personnages émaillés en couleurs.

Haut., 32 cent.

70 — Animal fantastique en ancienne porcelaine de Chine, décoré en couleurs sur fond vert d'eau. Cette pièce nous semble avoir été destinée à être placée dans un jardin ; diverses ouvertures permettant de laisser passer des plantes grimpantes. Pièce curieuse.

Haut., 56 cent.

71 — Vase, modèle balustre, en ancienne porcelaine de Chine craquelée gris et bandes d'ornements en relief émaillées brun.

Haut., 35 cent.

72 — Quatre soucoupes en ancienne porcelaine mince de la Chine, décor émaillé.

Diam., 11 cent.

73 — Deux petits vases en forme de balustre droit, en céladon vert d'eau. Deux poissons forment les anses de chacun d'eux.

Haut., 20 cent.

74 — Petit vase en forme de balustre, surbaissé et aplati, en porcelaine de Chine, décoré d'un cerf, d'arbustes et d'une longue inscription en camaïeu brun sur fond d'émail jaunâtre. Pièce curieuse.

Haut., 12 cent.

75 — Deux jardinières de forme basse et large, en porcelaine de Chine émaillée bleu et décor d'or.

Diam., 21 cent.

76 — Vase, modèle balustre, en porcelaine de Chine émaillée rouge haricot.

Haut., 38.

77 — Vase modèle balustre, en céladon vert d'eau à ornements gravés et gaufrés sous émail, et anses simulées par des têtes chimériques et des anneaux.

Haut., 34 cent.

78 — Deux vases en porcelaine de Chine, décorés de paysages émaillés en couleurs sur fond blanc.

Haut., 34 cent.

79 — Deux vases forme cylindrique en porcelaine de Chine, à fleurs gaufrées sous émail blanc.

Haut., 27 cent.

80 — Grand vase de forme cylindrique en porcelaine de Chine, décoré de dragons émaillés en couleurs.

Haut., 46 cent.

81 — Trois bouteilles à panse sphérique en ancienne porce-

laine du Japon, décorées de fleurs et d'ornements en bleu, rouge et or.

Haut., 22 cent.

82 — Vase, modèle potiche en ancienne porcelaine de Chine, décoré d'un sujet de personnages en émaux de la famille verte.

Haut., 32 cent.

83 — Deux jolis vases, modèle bouteille, en ancienne porcelaine de Chine, fond bleu fouetté, rehaussé d'or et médaillons d'animaux décorés en émaux de la famille verte.

Haut., 24 cent.

84 — Cinq compotiers en ancienne porcelaine de Chine, à fleurs gaufrées sous émail et ornements et fleurs, décorés en couleurs. L'extérieur est émaillé couleur café au lait.

Diam., 25 cent.

85 — Six compotiers en ancienne porcelaine du Japon, décorés de fleurs en bleu, rouge et or.

86 — Deux petites tasses avec soucoupes en ancienne porcelaine mince de la Chine, décorées de fleurs émaillées en couleurs et fond filigrane d'or.

87 — Plat rond et creux en ancien céladon vert d'eau.

Diam., 36 cent.

88 — Deux potiches en ancienne porcelaine du Japon, montées à anses, gorges et socles en bronze et contenant des lampes modérateurs.

Haut., 60 cent.

89 — Deux petits vases, modèle balustre, en ancienne porcelaine de Chine, décorés de fleurs, de branchages et d'a-

nimaux en relief et émaillés en couleurs. Monture de style rocaille en bronze doré.

Haut., 33 cent.

90 — Deux vases, forme bouteille, en porcelaine de Chine émaillée rouge haricot ; monture moderne à anses, gorge et socles en bronze doré. Modèle rocaille.

Haut., 50 cent.

91 — Deux vases, modèle balustre renversé et aplati, en ancienne porcelaine de Chine, décorés de médaillons de personnages, avec encadrements composés d'ornements émaillés bleu. Monture moderne de style rocaille en bronze doré.

Haut., 33 cent.

92 — Deux petits vases, modèle balustre carré, à deux anses et à couvercles en ancienne porcelaine de Chine, fond vert quadrillé de noir et médaillons de personnages décorés en couleurs. Socles et gorges en bronze doré.

Haut., 29 cent.

93 — Deux buires de forme élégante à panse sphérique et à côtes en ancienne porcelaine du Japon, décorées de fleurs et d'ornements en camaïeu bleu. Monture du temps de Louis XIII, en bronze doré, composée d'une anse à cariatide de femme et couvercle avec attache, formée d'un dragon chimérique.

Haut., 24 cent.

94 — Petit vase, modèle balustre, en ancienne porcelaine du Chine, décoré de fleurs et attributs émaillés en couleurs. Monture de style rocaille à anses en bronze doré.

Haut., 30 cent.

95 — Vase en forme de bouteille, en ancienne porcelaine de

Chine, décoré de palmettes et de fleurs en rouge de fer et or. Socle à moulure et gorge en bronze ciselé et doré.

Haut., 35 cent.

96 — Deux potiches en ancienne porcelaine du Japon, fond gros bleu, décorées de médaillons de paysages et de fleurs en couleurs. Socles et gorges de style rocaille en bronze.

Haut., 50 cent.

97 — Deux petites caisses carrées composées de plaques en ancienne porcelaine du Japon, décorées de fleurs et montées en bronze doré.

98 — Grande et belle coupe ronde en ancienne porcelaine de Chine, entièrement couverte d'un riche décor à figures. Monture moderne de style Louis XVI, en bronze doré à anses, gorge et socle formé de quatre cariatides d'enfants.

Haut., 48 cent.; larg., 60 cent.

99 — Figurine assise en ancien céladon vert d'eau ; sur socle en bronze doré découpé à jour.

Haut., 21 cent.

Porcelaines de Sèvres

100 — Théière, forme droite, en ancienne porcelaine de Sèvres, pâte tendre, fond bleu de roi, médaillons de paysages et animaux en couleurs et rinceaux d'or. Époque Louis XVI.

101 — Tasse et soucoupe de forme droite en ancienne porcelaine de Sèvres, pâte dure, fond bleu et paysages avec oiseaux, dorés et argentés. Époque Louis XVI.

102 — Deux petits vases de forme ovoïde en ancienne porcelaine de Sèvres, pâte dure, fond gros bleu et décor d'or; monture à anses à rinceaux et gorge en bronze finement ciselé et doré au mat. Époque Louis XVI.

Haut., 31 cent.

103 — Coupe ronde en ancienne porcelaine de Sèvres, pâte tendre, fond vert-pomme et médaillons de fleurs; monture moderne à anses rocaille, gorge et piédouche en bronze doré.

Haut., 27 cent.

104 — Cabaret en ancienne porcelaine de Sèvres, pâte tendre, décoré de bouquets de roses. Il se compose d'un plateau à deux anses, de trois tasses avec soucoupes, d'une théière, d'un pot à crême et d'un sucrier.

105 — Petit plateau carré en ancienne porcelaine de Sèvres, pâte tendre, décoré d'ornements en couleurs et à bord composé de fleurons découpés à jour. Époque Louis XV.

Diam., 11 cent.

106 — Plateau de forme ovale à contours en ancienne porcelaine de Sèvres, pâte tendre, fond gros bleu à médaillon fleurs et fruits, et riches décors d'or. Époque Louis XVI.

Larg,, 28 cent.

107 — Petit plateau ovale en ancienne porcelaine de Sèvres, pâte tendre, décoré au centre d'un large bouquet de fleurs; bord émaillé gros bleu et papillons en couleurs avec encadrements d'or. Époque Louis XVI.

Larg., 28 cent.

108 — Plateau ovale et à quatre lobes, en ancienne porcelaine de Sèvres, pâte tendre, décoré de bouquets de fleurs.

Larg., 24 cent.

109 — Autre plateau en vieux Sèvres, pâte tendre, décoré de coquilles et bord bleu à quadrilles d'or.

Larg., 18 cent.

110 — Plateau en vieux Sèvres, pâte tendre, décoré de fleurs et d'ornements en camaïeu bleu, rehaussé d'or.

Larg., 18 cent.

111 — Sucrier en ancienne porcelaine de Sèvres, pâte tendre à bandes bleu d'ampois et décor d'or.

112 — Plat à barbe en ancienne porcelaine de Sèvres, pâte tendre, à dentelle d'or.

113 — Compotier en ancienne porcelaine de Sèvres, pâte tendre à bord gaufré et émaillé bleu turquoise, et médaillons de fleurs. Époque Louis XV.

114 — Plateau carré et sucrier en ancienne porcelaine de Sèvres, pâte tendre, décoré de hachures rosées.

115 — Cabaret en ancienne porcelaine de Sèvres, pâte tendre, fond bleu ampois et décor d'or. Il se compose d'un plateau, d'une théière, d'un sucrier, d'un pot à crême et d'une tasse sans soucoupe.

116 — Pot à eau en ancienne porcelaine de Sèvres, pâte tendre, fond bleu de roi, à médaillons fleurs et fruits, et riches décors d'or par Vincent.

117 — Saucière en ancienne porcelaine de Sèvres, pâte tendre, fond bleu turquoise et médaillons de fleurs.

118 — Deux glacières avec couvercles en ancienne porcelaine de Sèvres, pâte tendre, à décors de fleurs.

119 — Grande tasse avec couvercle et soucoupe en ancienne

porcelaine de Sèvres, pâte tendre, fond violacé, trophées d'armes décorés à l'imitation du bronze et ornements en couleurs. An VIII de la République.

Porcelaines de Saxe et autres

120 — Écuelle avec plateau et couvercle en ancienne porcelaine de Saxe, fond bleu clair et médaillons de paysages avec figures.

121 — Deux petits vases en ancienne porcelaine de Saxe, entièrement couverts de fleurettes en relief, et enrichis de de branchages et d'oiseaux en ronde bosse.

Haut., 17 cent.

122 — Mortier en ancienne porcelaine de Saxe, décoré de fleurs dans le style chinois.

Diam., 20 cent.

123 — Quatre tasses en ancienne porcelaine de Saxe, variées de formes et de décors.

124 — Grande et belle écuelle sans plateau, en ancienne porcelaine de Saxe, fond bleu clair et médaillons de personnages dans le style de Watteau.

125 — Deux figurines en ancienne porcelaine de Saxe; Chinois et Paysanne.

126 — Autre figurine en ancienne porcelaine de Saxe; personnage debout armé d'un sabre.

127 — Trois tasses et quatre soucoupes en ancienne porcelaine de Saxe, fond rosé et médaillons, dans le style de Watteau, très-finement peints en couleurs.

128 — Joli groupe en ancienne porcelaine de Saxe, composé de quatre figures d'enfants, dansant autour d'un arbre.

129 — Cabaret en ancienne porcelaine de Saxe, à bords gaufrés, et décoré de fleurs. Il est composé d'un plateau à contours, de trois grandes pièces, d'une cuiller et de quatre tasses ou coupes montées sur trépieds.

130 — Autre cabaret en ancienne porcelaine de Saxe, à bords gaufrés et décoré de fleurs en couleurs, et rosaces dessinées au trait sur fond vert. Il se compose d'un grand plateau ovale à contours, de quatre grandes pièces, de deux tasses à anses avec soucoupe et d'une cuiller.

131 — Garniture de trois vases, en ancienne porcelaine de Frankenthal, ornés de couronnes de lauriers et de dauphins en haut-relief rehaussés d'or, et décorés de sujets de personnages et de paysages en camaïen noir.

Haut., 29 et 23 cent.

132 — Deux vases de forme ovoïde à large ouverture, en ancienne porcelaine de Frankenthal, décorés de sujets de bacchanales en couleurs et rehauts d'or.

Haut., 20 cent.

133 — Deux jardinières, modèle cache-pot, à anses rocaille, en ancienne porcelaine de Frankenthal, décorées de larges bouquets de fleurs.

Haut., 19 cent.

134 — Tasse trembleuse, en ancienne porcelaine de Vienne, gaufrée à côtes et vannerie et décorée de fleurs. La soucoupe est garnie d'une galerie découpée à jour.

135 — Quatre tasses trembleuses, en ancienne porcelaine de Vienne, décorées de fleurs et galeries découpées à jour.

136 — Groupe de trois figures, en ancienne porcelaine de Frankenthal ; Enlèvement d'Eurytie par Borée.

Haut., 25 cent

137 — Deux corbeilles en porcelaine de Saxe, décor moderne à fleurs. Les anses ont été coupées.

138 — Tête-à-tête en porcelaine de Saxe, décor moderne à figures et paysages. Il se compose d'un plateau à contours, trois grandes pièces et deux tasses avec soucoupes.

139 — Deux vases, modèle cache-pot, de forme cylindrique, à deux anses et à couvercles, en porcelaine italienne, décorés de fleurs en couleurs et or, de style chinois, sur fond blanc.

Haut., 24 cent.

140 — Vase à couvercle à gorge découpée à jour, en ancienne porcelaine à la Reine, décoré de bandes bleues et de feuillages en or et couleurs.

Haut., 29 cent.

141 — Perroquet monté sur rocher, en ancienne porcelaine tendre ; décor moderne en couleurs et or.

Haut., 30 cent.

Sampson

142 — Deux petits vases porte-allumettes, en biscuit de Wedgwood, à rosaces et ornements bleus sur fond blanc.

Haut., 11 cent.

143 — Trois seaux ou jardinières en porcelaine tendre, fond bleu turquoise, médaillon de fruits et de fleurs et décor d'or.

Haut., 19 cent.

144 — Deux jolis groupes en ancien biscuit de Sèvres, pâte

dure, composés chacun de deux figures; la Marchande de pommes et le Marchand de plaisirs.

Haut., 33 cent.

145 — Deux jardinières de forme carrée, en porcelaine tendre, fond bleu turquoise et médaillons d'amours et fleurs.

Haut., 18 cent.

146 — Deux tasses en porcelaine de Saxe, décor moderne à figures dans des paysages.

147 — Groupe en biscuit de Sèvres, pâte dure, Vénus et l'Amour.

148 — Trois plaques de forme cintrée, provenant d'un guéridon, décorées de rinceaux, de vases de fleurs et d'ornements en camaïeu bleu, rehaussé d'or sur fond blanc.

Long. de chaque plaque, 48 cent.; larg., 11 cent.

Bronzes d'ameublement

149 — Petite pendule du temps de Louis XVI, en bronze doré et socle en marbre blanc. Vénus reposant sur des nuages et enchaînant l'Amour à l'aide de festons de fleurs. La cage est garnie sur les côtés de consoles à volutes et feuillages, et le socle est enrichi d'appliques à rinceaux découpés à jour. Mouvement de Merra, à Paris.

Haut., 36 cent.

150 — Jolie pendule du temps de Louis XVI, en bronze, finement ciselé et doré au mat; Vénus assise dans un char traîné par deux colombes et suivie par un Amour. Le

socle, en marbre blanc, est enrichi d'appliques en bronze très-finement ciselé et repose sur des pieds formés de groupes de carquois rattachés par des couronnes de fleurs. Mouvement de Roque à Paris.

Haut., 40 cent.

151 — Très-jolie pendule du temps de Louis XVI, en bronze très-finement ciselé, doré au mat et marbre blanc. A droite de la pièce est une figure de femme debout, à gauche un Amour assis et au milieu un trophée composé de flèches, d'un flambleau, de couronnes et de festons de fleurs. Mouvement de Follin l'aîné, à Paris.

Haut., 42 cent.

152 — Pendule du temps de Louis XVI, en bronze doré en partie, formée d'un fût de colonne cannelée, enrichie de festons de lauriers entourant le cadran et surmontée d'un vase à deux anses.

Haut , 37 cent.

153 — Pendule du temps de Louis XVI, en bronze doré, formée aussi d'un fût de colonne cannelée, mais surmontée d'un groupe de deux colombes. Le mouvement de celle-ci est moderne.

Haut., 37 cent

154 — Pendule Louis XVI en bronze doré, surmontée d'un vase d'où s'échappent deux grosses guirlandes de lauriers retombant à droite et à gauche de la pièce. Le socle en marbre blanc est orné de balustres en bronze doré se détachant sur un fond bleu. Mouvement de Montjoye, à Paris.

Haut., 49 cent.

155 — Petite pendule de voyage, modèle borne, en bronze finement ciselé et doré. Époque Louis XVI. Mouvement marquant les jours de la semaine et les quantièmes, De Meunier le jeune, à Paris.

Haut., 35 cent.

156 — Pendule du temps de Louis XVI, en bronze doré, modèle borne, surmontée d'un vase et offrant sur sa face un trophée d'attributs divers. Socle en bronze doré et contre socle en marbre blanc. Mouvement de Cronier, à Paris.

Haut., 50 cent.

157 — Petite pendule du temps de Louis XVI, composée d'une figurine de femme nue, assise, tenant un feston de fleurs, en marbre blanc sculpté et attribuée à Falconnet; près d'elle, un petit fût de colonne cannelée en marbre blanc et surmontée d'une corbeille de fleurs en bronze ciselé et doré au mat, renfermant le mouvement à sonnerie.

Haut., 35 cent.

158 — Pendule de la fin du règne de Louis XVI, en bronze doré au mat et marbre blanc. Elle se compose de figures de bacchant et de bacchante et elle est surmontée d'une figure d'enfant satyre. Mouvement de J.-C. Desbois, à Paris.

Haut., 45 cent.; larg., 56 cent

159 — Pendule en marqueterie de Boulle, écaille rouge et cuivre, garnie de bronze. Époque Louis XIV.

Haut., 75 cent.

160 — Grande cage carrée, en bronze doré à moulures, renfermant une pendule à quatre cadrans reposant sur une partie cintrée étoilée d'or sur fond d'émail bleue. Le spirale visible est horizontale et garni de cailloux du Rhin. La Pendule date du temps de Louis XVI, mais la cage est moderne.

Haut., 53 cent.

161 — Petite pendule, modèle rocaille, sur socle carré et surmontée d'un coq; le tout en bronze doré. Epoque Louis XV.

Haut., 40 cent.

162 — Pendule de la fin du règne de Louis XV, en bronze doré; cheval passant, supportant le mouvement ainsi qu'un petit vase. Socle en bois noir et bronze doré.

Haut., 52 cent.

163 — Pendule Louis XVI, en bronze doré et marbre bleu turquin enrichie d'une figure d'enfant assis bronzée et de festons de lauriers et d'attributs dorés. Le cadran a été refait.

Haut., 39 cent.; larg. 40 cent.

164 — Pendule de la fin du règne de Louis XV, en bronze doré, composée de deux figures d'enfants et d'attributs divers. Le socle en bois noir est garni de festons de fleurs en bronze doré.

Haut., 45 cent.

165 — Deux candélabres Louis XVI, composés de figurines d'enfants debout, au bronze vert, supportant chacun trois branches porte-lumières à rinceaux en bronze doré au mat. Socles en marbre blanc avec plinthes en marbre bleu turquin.

Haut., 50 cent.

166 — Deux candélabres Louis XVI, formés de vases ovoïdes en marbre bleu turquin montés à anses et garnis de trois branches de fleurs porte-lumières en bronze doré.

Haut., 80 cent.

167 — Deux candélabres du temps de Louis XVI modèle à trépieds et à trois branches à rinceaux, en bronze doré au mat et marbre blanc.

Haut., 6 cent.

168 — Deux grands chenets composés de sphinx couchés, en bronze doré en partie, sur socles carrés en bronze doré, de forme carrée.

169 — Deux petit chenets du temps de Louis XIV, formés de vases et sur socles carrés en bronze ciselé et doré.

Haut., 38 cent.

170 — Deux petits chenets du temps de Louis XV, en bronze doré, composés de figures d'enfants, sur socles rocaille.

Haut., 26 cent. ; larg., 26 cent.

171 — Deux jolis vases de forme carrée aplatie, en marbre noir tacheté de blanc, dit petit antique, garnis d'anses à mascaronset montés en bronze ciselé et doré. Ils sont enrichis de médaillons ovales ornés de bustes en bas-relief exécutés en lave et appliqués sur fond de jaspe. Époque Louis XVI. Ces pièces ne sont pas évidées et les couvercles ne sont pas mobiles.

Haut., 32 cent.

172 — Deux vases de forme ovoïde en granit vert des Vosges, montés en bronze doré.

Haut., 28 cent.

173 — Socle de pendule, modèle cul-de-lampe, et composé d'ornements rocaille en bronze doré. Époque Louis XV.

Haut., 40 cent.

174 — Monture de coupe à couvercle, en cuivre doré au mat.

175 — Deux bras à deux lumières en bronze doré. Époque de la Régence.

176 — Cage en bronze doré, surmontée de pommes de pin, ciselées et d'une galerie découpée à jour. Cette pièce peut être facilement transformée en vitrine. Époque Louis XVI.

Haut., 72 cent.; larg., 52 cent.

177 — Montre destinée à être appendue au mur et pouvant renfermer des bijoux ou des miniatures, en bois, avec encadrement de bronze. Époque Louis XVI.

178 — Lampe à dix becs, du temps de Louis XVI, en forme de vase, en bronze doré, montée sur piédouche, enrichie de godrons, de festons de lauriers et à deux anses, mufles de lion.

Haut. 35 cent.; diam., 27 cent.

179 — Deux petits vases porte-bouquets en verre bleu taillé, montés à anses et sur quatre pieds de biche en bronze ciselé et doré au mat. Socle en marbre blanc, garni d'une torsade en bronze doré. Époque Louis XVI.

Haut., 22 cent.

180 — Deux flambeaux en bronze doré à l'or moulu, modèle colonne cannelée et base ciselée à rosaces. Époque Louis XVI.

Haut., 18 cent.

181 — Deux grands flambeaux de la fin du règne de Louis XVI, en bronze doré au mat. Tiges cannelées et pieds ciselés à feuillages.

Haut., 30 cent.

182 — Deux grands flambeaux analogues à ceux qui précèdent, à tiges, ornées ainsi que les pieds, de festons de chêne.

Haut., 28 cent.

183 — Deux flambeaux du temps de Louis XIV, en bronze finement ciselé, dessins dits de Boulle.

Haut., 22 cent.

184 — Deux vases, forme Médicis, en bronze vert, enrichis de frises et montés à anses et couvercle en bronze doré au

mat. Socles carrés en marbre griotte, garnis en bronze doré. Époque Louis XVI.

Haut., 52 cent.

185 — Deux petits vases en marbre blanc, montés à trépieds garnis de têtes de béliers en bronze doré. Époque Louis XVI.

Haut., 30 cent.

186 — Deux flambeaux Louis XVI, en bronze argenté à colonnes cannelées.

Haut., 25 cent.

187 — Deux grands flambeaux du temps de Louis XIII, en cuivre, à pieds triangulaires ornés de cariatides ailées et portant le blason de France.

Haut., 63 cent.

188 — Deux flambeaux Louis XVI, en bronze ciselé à feuilles et perles.

189 — Deux flambeaux de même style que les précédents, mais plus grands.

190 — Deux flambeaux du temps de Louis XIV, en cuivre argenté, à tiges et plateaux carrés, à angles coupés.

191 — Deux petits flambeaux de même style et époque, à tiges et plateaux ronds.

192 — Deux grands flambeaux en bronze argenté, ciselé et gravé, modèle rocaille.

193 — Deux petits flambeaux en bronze argenté, modèle rocaille, surmontés de deux branches porte-lumières.

194 — Deux petits flambeaux en marbre blanc, et bronze doré au mat : colonnette supportant un vase. Époque Louis XVI.

195 — Deux trépieds en bronze doré supportant des coupes en ancienne porcelaine de Chine, laquée et burgautée sur fond noir et surmontés de couvercles en cuivre découpé à jour, formant brûle-parfums.

Haut., 29 cent.

196 — Deux flambeaux Louis XVI, en bronze doré, tiges à balustre cannelées, ornées de festons de fleurs en relief.

197 — Deux flambeaux Louis XVI, composés de figurines de femmes debout en bronze vert; sur piédouches et supportant des bobèches en bronze finement ciselé et doré au mat.

198 — Deux flambeaux analogues à ceux qui précèdent. Les figurines supportent des corbeilles de fruits et de fleurs d'où s'échappe la bobèche. Époque Louis XVI.

199 — Deux petits vases, modèle balustre, en marbre rougeâtre, montés à anses et piédouches en bronze doré. Époque Louis XVI.

Haut., 23 cent.

200 — Flambeau à trois lumières à rinceaux, en bronze doré. Époque Louis XVI.

Haut., 28 cent.

201 — Deux jolis bras-appliques du temps de Louis XV, modèle rocaille à deux lumières, en bronze doré.

Haut., 52 cent.

f. 38 —
19 —
11 —
175 —
77 —
[illegible]
[illegible]
272 —

f 1124 —
56.20
1180.20

1074 —
53.70
1127.70

1180.20
1127.70
2307.90 au 26 Mai

Nr 129

www.ingramcontent.com/pod-product-compliance
Ingram Content Group UK Ltd.
Pitfield, Milton Keynes, MK11 3LW, UK
UKHW022139260726
13993UKWH00005B/2043